Paulina Behrendt
Heiße Milch mit Honig

Heiße Milch mit Honig

Paulina Behrendt

Geschriebenes vom Aufbruch, Loslassen und Wiederfinden. Texte vom Heimkehren.

Erste Auflage 2021

Lektora GmbH
Schildern 17–19
33098 Paderborn
Tel.: 05251 6886809
Fax: 05251 6886815
www.lektora.de

Druck: MCP, Marki
Covermotiv: Filomena Franke, www.filolino.de
Covermontage: Lektora GmbH, Denise Bretz
Lektorat & Layout Inhalt: Lektora GmbH, Denise Bretz
Printed in Poland

ISBN: 978-3-95461-169-0

Inhalt

Dieses Buch widme ich meiner Freundin Holly,
deren Wesen aller Anfang war und zwischen allen Zeilen
das einzig Unausgesprochene,
das einzig Unaussprechbare bleibt.

Sturm und Drang

Du reichst mir
heiße Milch
mit Honig,
summst Lalelu
im sanften Klang,
die Füße schlafen
warm und wohlig,
ich träum heut laut
von Sturm und Drang.

Strebertext

Und ich steh dort,
an diesem Ort,
der sich Zuhause nennt,
und ich find keinen Satz,
nicht mal ein Wort,
der und das sich zu dem bekennt,
was ich hier sagen will.
Denn seit Stunden stehe ich hier und schau mich an.
Mal tret ich ein Stück zurück
und mal geh ich ein bisschen näher ran,
um dann mit meiner Fingerkuppe ganz sachte
den Inhalt des Spiegels zu berühren,
und während ich mich
bei dieser Selbstfindungsphase so betrachte,
ja, da check ich plötzlich, wer ich bin.

Und Sorry, liebes Spiegelbild,
lange habe ich dich mit Begründungen gefüllt,
hab dein wahres Ich in jugendliche Maxime gehüllt,
deine Authentizität wie ein Stück Papier zerknüllt
und dein Selbstbewusstsein
literweise mit Geschichten abgefüllt,
sodass es nun nur noch irgendwo besoffen in der Ecke chillt.

Aber, liebes Spiegelbild,
nun spitz all deine Rezeptoren,
denn ich habe mir vor vier Stunden
hier und jetzt geschworen,
heute nicht mit einem zügigen Seitenblick
an dir vorbeizugehen,
nein, ich schwor mir heute,
dich mal richtig anzusehen.
Und, verdammt,
ich mag das, was ich seh.

Gestatten: Streber ist mein Name!
Bin wie der Cupcake ohne Sahne,
bin wie das Schachspiel ohne Dame,
bin wie die Post, doch da nur die nervige Reklame.
Ja und das alles hat nicht mal ne Intention,
folgt keiner krassen Disposition,
unterliegt keiner Argumentation,
ist keine Alternative-Version
und auch keine Kombination
aus neu erfundener Rebellion
und provokanter Perfektion.
Nein, verdammt, das ist es nicht.
Stattdessen ist die Begründung eigentlich ziemlich schlicht,
denn ich bin nicht vintage oder oldschool,
nein man, ich bin einfach derbe uncool.

Morgens, da brauch ich ca. zehn Minuten,
dann bin ich ready für den Tag,
und das nur, weil ich keine 25 Schichten Make-up trag,
keinen Glimmer-Glitzer-glowy-Apperat,
keinen mit Concealer abgedeckten Damenbart,
mir sich kein XXL-Lashes-Volumen offenbart,
kein Eyebrowliner-Kamerad,
zu dem hab ich nun einfach mal nicht son guten Draht.

Naja und schließlich bin ich für all dies
einfach auch viel zu autark,
ja, am Arsch, und schön wärs gewesen,
das sind nur ausgedachte Hypothesen,
denn ich bin nicht oldschool oder feministisch,
nicht all-natural-fetischistisch,
nicht gegen Kosmetik konsumistisch
und auch nicht minimalistisch.
Nein, ich kann es einfach nicht!
Bin zu unmusikalisch für den Lidstrich,
bin zu low für die Highlighter-Schicht,
für Trockenpuderung sowieso viel zu dicht
und mit Mascara muss ich gar nicht anfangen,
denn da würde die schwarze Tusche
in wirklich jede Fuge gelangen
– außer auf meine Wimpern.
Und solange noch niemand
einen Wimperntuschenkiller erfunden hat,
halt ich mich fern von diesem ganzen Make-you-Up.
Denn wenn es erst mal wo sitzt, wo es nicht hinsoll,
geht es so leicht nicht mehr ab.
Und das ist nicht vintage oder oldschool,
nein man, das ist einfach derbe uncool.

Ich kenne keine YouTube-Stars,
weil ich nie ein Abonnement ihrerseits besaß,
weil ich nie stundenlang vorm Bildschirm saß,
mir irgendwelche random Kommentare durchlas
und dabei völlig die Zeit vergaß.
Und weil ich keine »Ich streiche unsere Wohnung
heimlich pink«-Videos ansah,
erfuhr ich auch erst im Februar,
dass BibisFickDichPalace anscheinend schwanger war.

Und das alles wäre auch enorm vintage gewesen,
hätte ich stattdessen in der Abendsonne
»Der Sturm« von Shakespeare in Reclam Ausgabe gelesen,
aber nein, das tat ich nicht.
Stattdessen war auch ich ganz erpicht
darauf, in der rot-weißen Tube zu cruisen,
nur dass mein Suchverlauf mit äußerst abstrusen
und diffusen Begriffen gefüllt ist.
Und damit ihr es wisst:
Nein, ich war nicht bekifft,
als ich voller Euphorie
Tangentenrechnung in die Sucherzeile schrieb,
und mein Herz förmlich aufblüht,
wenn sich der simple Club-Typ auch noch
auf Logarithmusfunktion bezieht.

Und so ziehen sich die Alltagssituationen,
geprägt von Synapsenexplosionen,
von gelachten
»Was ist bei dir eigentlich falsch?«-Irritationen,
von »Ich bin gut so, wie ich bin«-Motivationen,
von völligen Worteskalationen
und neuen Konversationsvariationen.
Und ja, ich mag das, was ich da seh
im Spiegel vor mir im Wohnzimmerflur,
aber manchmal, ja manchmal,
wenn es ganz still um mich herum ist,
sich mein Selbstbewusstsein ins Bett verpisst,
da wird der Selbstzweifel zum Pragmatist,
der mein Spiegelbild an nichts anderem misst
als an Klischees.

Und dann fühlt sich das alles gar nicht mehr so gut an,
weil ich dann nicht mal mehr dran glauben kann,
dass sich irgendwer irgendwo irgendwann,
und vor allem nicht ich selbst,
in diesen Streber verlieben kann.

Doch dann
packt mich eine Hand,
zieht mich weg vom Spiegel hin zu einer Leinwand,
darauf ein gemaltes Gemälde und nach mir benannt.
Gestatten: Paulina ist dein Name,
du bist der Cupcake mit der fetten Sahne,
die Post, nur ohne nervige Reklame,
und beim Schachspiel wärst du die sexy Dame.
Denn du bist vielleicht nicht vintage oder oldschool,
aber so, wie du bist,
bist du am Ende doch echt ziemlich cool.
Und letztendlich ist halt jeder, wie er ist.
Wichtig ist nur, dass man neben dem Spiegelbild
nicht das gemalte Gemälde vergisst.

Vom Tasten und Wagen

Ich taste und wage
ein paar Schritte hinaus.
Halte inne und warte,
ich bewerte und frage,
ich strauchel und schwanke
zwischen Allem und Nichts.
Und manchmal
weine ich sogar.
Weil ich mich in Verwirrung verirre
und dieser Nebel macht mich kirre
und dann bin ich bei jedem
kleinsten Schritt am Zweifeln.
Und am Hoffen.
Und vielleicht auch am Schönreden:
Irgendwann kommt die Erkenntnis.
Bis dahin ist es Kunst.

Satzzeichenfehler

Ich bin
kein Argument
bin ohne Beispiel zitiert
streich das Weil der Sätze
das für Freispruch plädiert
denn evident ist nur der
der dem Absatz
Anspruch gewährt
und während dein
Schweigen
Wahrhaftigkeit lehrt
bleibt mein Wort
nur ein
Satzzeichenfehler
ein fingierter Versuch
bin ich doch
letztendlich
nicht mehr

als nur in der Zeile
verrutscht

Zu Füßen

Die Welt
liegt uns zu Füßen,
aber wir,
wir sind steif
und haben Rücken
fatigant
Es ist so
mühsam,
sich zu bücken

Wie Aquarelle auf zarten Seiten

Der Tag heute
ist nur Silhouette
von Sonne und
burgunderroten Tulpen.
Ein wenig verwischt,
verschwommen
wie Auqarell
auf zarten Seiten.

Hesse

Wir stehen uns gegenüber.
Still.
Die Blicke betreten gesenkt.
Aus Angst, wir könnten uns treffen.
Irgendwo in dieser Verschwommenheit.
Irgendwo zwischen dieser distanzlosen Entfernung
und dieser unnahbaren Nähe,
irgendwo zwischen Scham und Triumph.
Zwischen Augen und Blicken.
In Augenblicken.

Aus Angst, das Vielleicht
könne dem Tatsächlich weichen
und die Spannung dem Kurzschluss,
und dann fänden wir die Worte nicht,
weil wir nie gelernt haben, wie es ist,
wenn in jedem Wort Bedeutung liegt.
Und vielleicht ist es auch zu lächerlich.
Lieber sag ich später
»Wir haben's nie probiert«
als »Wir sind kläglich dran gescheitert«.

Lieber nur den Ansatz fühlen,
als die Kontrolle zu verlieren,
und lieber nur betreten schweigen,
als Hesse zu zitieren:
»Liebe ist Glück. Nichts Anderes.«

Morgenmalerei

Der Morgen scheint heut stillzustehen,
scheint uns beim Stillstehen zuzusehen.

Er krabbelt kriechend unter Decken,
will sich schüchtern dort verstecken,
um gen Träumen sich zu recken
und sie zärtlich aufzuwecken.

Dann; zwei Augenpaare öffnen sich.
Du siehst mich an und ich seh dich,
und die Sonne tuscht mit Sonnenlicht
uns ein Lächeln ins Gesicht.

Und die Luft streift zart die nackte Haut,
umhüllt zwei Herzen urvertraut,
stellt langsam Haar und Härchen auf
und die Erregung streichelt Zweifel taub.

Und zwei Finger formen vorsichtig
eine Berührung und begrüßen mich
in einem Flüsterton der Zuversicht
und hauchen ein: Ich fühle dich.

Und wenn es wirklich Freiheit gibt,
dann sie heut Morgen bei uns liegt
und uns rührend in ihren Armen wiegt,
uns küsst und hält und innig liebt.

Weil heute nichts und niemand Namen trägt,
denn das Gefühl malt heute lediglich
auf Rücken zart ein Alphabet,
auf dass man das »Vielleicht« errät.

Und bevor du dich nun zur Seite drehst,
sich das Haar errötend an den Körper legt
und der Morgen sachte in den Mittag weht,
bin dankbar –
denn das »Wir« bleibt heute unkonkret.

Tauchen

Du, ja du bist ein Gewässer.
Und ich stehe hier,
mit nackten Füßen im feuchten Unterholz,
am Ufer deiner tiefen Wasser,
kremple mir die Ärmel hoch,
gehe langsam in die Knie,
stütze die Arme über den Kopf
und denke:
»Einfach fallen lassen, einfach fallen lassen.«
Lasse fallen,
falle einfach,
mit Kopfsprung in dich rein.

Platsch.

Tauchen wird zum Synonym für Kommunikation.
Kommunikation wird zur Option
einer menschlichen Emulsion,
einer verbalen, physischen Fusion,
einer genuinen Fiktion
zwischen zwei Menschen.

Immer tiefer, immer weiter
miteinander tauchen,
nur um deine Grenzen zu verorten,
um deine Paradigmen zu benennen,
deinen Räsonnement-Rhythmus zu erkennen,
sich in deiner Tiefe zu verrennen, zu vertauchen,
um all dein Ich zu definieren.
Um all deine Expressionen zu registrieren,
um sie tauchend zu sortieren,
nur um zu schauen, ob sie am Ende
mit meinen harmonisieren.

Und so frag ich dich:
Wie tief sind deine Wasser?
Und wie schnell bist du unten?
Wann tauchst du wieder auf
und wann geht dir die Lust und Luft da unten aus?

68 cm Tiefe.

»Was sind deine Lieblingsfarben?«
»Was meine Lieblingsfarben sind?«
»Ja, erzähl mir, wer du warst als Kind!
Was hast du gedacht und was hast du gemocht,
was hast du verhasst und was hat man dir gekocht,
wenn es dein Lieblingsessen gab,
und was hast du gemacht am Tag?
Hast du gedacht? Gelacht?
Dir beim Versteckspiel auch mal in die Hosen gemacht?
Weil du, verdammt nochmal,
nicht dein oberhammergeiles Versteck aufgeben wolltest?
Und hast du mal geweint?«
»Ja, ich glaube, ich habe oft geweint.«

»Warum hast du geweint?
Warst du wütend oder traurig?
Warst du ängstlich oder maulig?
Warst du mutig oder dämlich?
Warst du still oder gesprächig?
Warst du hart oder gebrechlich?
Und wer hat dich getröstet?
Wer war da, um dich zu halten?
War wer da, um dich zu halten?
Und was, was ist deine Lieblingsfarbe?«

»Rot. Nicht Rot-Rot,
sondern rot wie Farbe des Rotweins,
der die Gesichter meiner Eltern erröten ließ,
wenn wir abends zusammen vorm
glutroten Kaminfeuer Karten spielten.
Bis tief in die Nacht.
Bis die Lippen rot und das Herz warm waren.
Bis alles warm war.
So ein Rot. Das ist meine Lieblingsfarbe.«

10,73 m Tiefe.

»Hast du manchmal Angst?«
»Ja, ganz oft.
Ganz oft Angst davor,
mich in meinen Gedankengängen zu verlieren,
mich zu stark zu isolieren.
Angst davor, zu oft Intentionen nur zu simulieren,
mein Innenleben förmlich zu sezieren,
Angst, mit zu viel Kopf und zu wenig Gefühl
in diesem Leben zu agieren.
Angst vorm Stagnieren.
Angst vorm Fokussieren.
Sogar manchmal Angst vorm Ausprobieren.

Und du? Was ist mit dir? Hast du manchmal Angst?«
»Ich glaube, ich habe Angst vorm Angsthaben.
Angst vorm Versagen,
aber auch Angst davor, andere nach Hilfe zu fragen,
Angst, mich mit meinen Schwächen zu vertragen,
und vor allem Angst,
diese Schwächen nach draußen zu tragen,
ja manchmal glaube ich,
ich habe Angst vor mir selbst.«

21,34 m Tiefe.

»Was denkst du über Bedeutung?«
»Meinst du, was für mich Bedeutung hat?«
»Nein, nein. Ich meine ganz allgemein?
Gibt es Bedeutung überhaupt?
Und wie sieht Bedeutung für dich aus?
Willst du bedeutend sein?
Und glaubst du an Nihilismus?
Wenn Pierre Anthon dich mit Pflaumen bewerfen und schreien würde:
›Nichts hat Bedeutung!‹
Und du dann mit Elise, Agnes und den ganzen anderen den Berg der Bedeutung anschaffen müsstest,
was würde man dir nehmen?
Welches Opfer würdest du bringen?
Was bedeutet Bedeutung für dich?«
»Puh. Vielleicht meine Kette.
Diese hier. Da steht was hinter,
die hat Bedeutung.
Obwohl, nein. Es ist mehr.
Es sind haltende Hände.
Und summende Stimmen.
Offene Ohren.
Ein hitziges Herz.

Weiche Worte.
Eine Spannung.
Eine Sprache.
Etwas Schemenhaftes.
Eine Stimmung.
Eine Stille.
Das bedeutet mir etwas,
bedeutet Bedeutung. Ja es gibt Bedeutung.
Nicht als Objekt der Objektivität,
aber als Subjekt der Subjektivität,
als eine Affinität für etwas, für jemanden.
Bedeutung ist Subjekt. Nicht Objekt.
Das denke ich über Bedeutung.«

Und mit jedem weiteren Meter
und mit jedem weiteren Wort
wird diese Tiefe zu einem Ort,
wo Intimitäten
sich schlängelnd umeinander winden,
beginnen, sich zu festen Netzen zu verbinden
und vertrauensvoll zueinanderzufinden.
Und vielleicht – vielleicht geht es darum im Leben.

Um die Tiefe beim Reden.
Um die Tiefe im Leben.
Und jemanden zu finden,
der die gleiche Tiefe teilt.

Der die gleiche Zeitspanne in dieser Tiefe verweilt
und zur gleichen Zeit zurück an die Oberfläche
zu den Oberflächlichkeiten eilt,
um neuen Sauerstoff zu tanken.
Schnorcheln, ja Schnorcheln
ist schließlich auch mal ganz schön.

Mit jemandem über banale Dinge zu klönen,
ein bisschen auf der Luftmatratze des Smalltalks zu chillen,
um dem Leben mal wieder die ganze Dramaturgie und
das Pathetische zu nehmen.

»Wie läuft das Studium?«
»Ja, alles super, wie geht's deinen Eltern?«
»Alles klar, war nett, dich getroffen zu haben.«
Tut ja schließlich auch mal ganz gut.

Ich glaube, es geht darum, einen Menschen zu finden,
der im gleichen Rhythmus zur gleichen Tiefe taucht,
der die gleiche Menge an Zeit und Sauerstoff
zum Ab- und Auftauchen braucht,
und einen Menschen, der die Impressionen dieser Tiefe
genauso aufsaugt, wie man sie abgibt.

Tauchen steht hier als Synonym für Kommunikation.
Kommunikation als Option
einer menschlichen Emulsion.
Einer verbalen, physischen Fusion,
einer genuinen Fiktion
zwischen zwei Menschen.

Und so frag ich dich:
Wie tief sind deine Wasser?
Und wie schnell bist du unten?
Wann tauchst du wieder auf
und wann geht dir die Lust und Luft da unten aus?
Ich frage dich:
Willst du mit mir tauchen gehen?

Lieben lassen

Lieben,
das scheint mir keine Kunst zu sein.
Fließt sie doch vom Herzen
durch Hände zu Lippen
wie Wasser durch Bäche,
ganz von allein.

Das Sich-lieben-Lassen jedoch,
das scheint mir ein Problem,
sich dieses Flusses anzunehmen.
Fordert es doch äußerst wenig,
aber der Mensch,
er bleibt so gerne tätig.

Und so lauschet dem Zitat,
welches in weisen Worten
einmal sprach:
Oft scheint das Wasser so klar,
die Wälder so schön
und die Quelle so wahr
und doch scheint kein Fluss.
Scheint alles so stockend,
so stoppend abrupt.

Dann,
ja, dann fehlt es am Lassen.
Am Lassen zu lernen.
Denn wenn alles stets ist,
kann nichts jemals werden.

Und still liegt der Raum.
Der Mensch,
er verstummt.
Für einen Moment
scheint das Wort ihn durchdrungen,
scheint alles an ihm
dem Wasser entnommen.

Zerfließend,
nicht greifbar,
ganz flüssig,
geschmeidig.

Doch dann schaut er auf.
Alles wirkt jetzt nostalgisch.
Der Moment ist verstrichen,
die sekündliche Freiheit
dem Gedanken gewichen
und er spricht:

Schön. Ich möchte den Fluss.
Bin bereit, alles zu tun.
Aber sag,
wie geht das Lassen nun?
Sag und ich folge,
sag mir, was muss ich tun?

Und das Zitat lächelt und schweigt,
weil es schweigend verweist
auf die Dummheit, die bleibt.

Mit Wachsmalern malen

Komm,
sagst du.
Wir malen uns die Rüstung auf die Haut.
Mit Wachsmalern.
Tunken Fingerkuppen in Tusche
und die Wahrheit in flüssiges Metall.
Zeichnen Grenzen mit Linien auf Körpern
und Körper mit Grenzen in Köpfen.
Ziehen zwei Striche über Narben
und setzen einen Punkt hinter die Stirn.
Wir tackern alle Wunden zu
und jeden Riss zur Prävention.
Flüssige Farbe in den Augen,
abstrakte Emotion.

Komm,
sagst du.
Versuch es mal,
berühr mich mal.
Ich glaube, nun können wir es wagen,
einander zu umarmen.

Regen und Reue

Triefend nass
steht der Kompromiss
im Raum.
Draußen regnet's,
spricht er zögerlich.
Mmmmh,
sage ich.
Und ein Schweigen schneidet unseren Blick.
Regen und Reue.
Für mehr reicht es heute nicht.

Höher

Ich bin an dir gewachsen,
immer höher, hoch hinaus.
Ich bin an dir gewachsen,
und zwar über dich hinaus.

Der Schatten

Der Schatten
zeichnet Grenzen
eines Körpers
an die Wand.

Ein Schritt
spielt die Entfernung,
malt mit Linien,
wischt sie ab.

Die Perspektive
stetig wechselnd,
Verzerrung,
Poesie.

Die Grenzen
so verschwommen
im Licht
der Odyssee.

Jeden Tag
ein stilles Warten,
ab und an
ein leises Atmen,
aber die Sonne
kreist in Bahnen,
entkreist mir aus der Hand,
und der Schatten
malt nach Zahlen,
malt den Körper
an die Wand.

Scham

Dort, zwischen Kissen eingebettet,
liegt ein Mädchen, wirkt wie angekettet.
An das Bett und an die Wand,
an den Zweifel und die Angst,
an den Satz, dass sie nicht langt.

Und sie wagt kaum, sich zu bewegen,
sagt keinen Laut, sie will nicht reden,
atmet kaum, sie will nicht leben,
starrt seit Stunden gegen Decken
– ja, das Mädchen spielt Verstecken.

..., 119, 120 – ich komme!

Und die Scham öffnet leise ihre Augen,
schleicht durch Flure und durch Bauten,
will dem Kopf die Freiheit rauben,
kann sie für ihre Taten nicht gebrauchen.
Sie ist kein Schenker, sie ist Dieb,
und dann ruft sie maliziös:

»Mäuschen! Sag mal Piep!«

Und das Mädchen fängt zu zittern an,
winkelt ihre Knie an,
sucht nach Halt mit einer Hand,
schlägt ins Leere, kommt nicht ran.

Und die Scham kommt immer näher ran.
Und das Mädchen will weg, will hin zum Ausgang,
streckt die Beine, macht sich lang,
aber kommt nicht raus, sie bleibt gefangen.

Gefangen in einer Hülle Haut,
weil sie nicht spricht, sie wird nicht laut.
Und die Scham baut sich langsam grinsend vor ihr auf,
tippt sie triumphierend an und haucht:

»Gefunden! So ein Pech aber auch.«

Und sie schämt sich fürs Versagen,
schämt sich fürs Schwächeln und Beklagen,
schämt sich, ständig nochmal nachzufragen.
Sie weiß, sie schafft das Pensum nicht,
das ist zu schwer, zu viel Gewicht,
aber wenn sie spricht,
dann kommt der Blick.
Die Worte und der Satz,
dass sie als Frau nicht langt.
Weil sie nicht leicht und taktvoll tanzt,
sondern wankend zwischen Banden schwankt,
denn eine Frau,
die fragt doch nicht nach Hilfe,
die ist doch immer stark.
Eine Frau bleibt doch stets im Bilde,
weil sie immer alles mag.

Und zack, da packt sie dann die Scham!

Und sie schämt sich fürs Verlangen,
für die Lust, sich selber anzufassen.
Und sie schämt sich für den Drang,
für den Impuls, sich nicht mehr anzupassen.
Und sie schämt sich fürs Gefühl,
für den Trieb und für den Satz,
dass doch auch sie an vielen Tagen
das Bedürfnis nach Berührung hat.
Dann sehnt sie sich nach Nähe,
nach Nähe auf Distanz,
nach dem Treffen eines Körpers,
nur für einen Abend lang.
Und sie würde so gern atmen,
einfach laut und unbefangen,
aber wenn sie spricht,
dann kommt der Blick.
Die Worte und der Satz,
dass sie als Frau nicht langt.
Weil sie nicht beherrscht und leise tanzt,
sondern wankend zwischen Häuserwänden schwankt,
denn eine Frau,
die klopft doch nicht an Türen,
die ist doch nicht begierig.
Eine Frau will doch nichts probieren,
die ist doch stets befriedigt.

Und zack, da packt sie dann die Scham!

Und sie schämt sich für die Pickel
und die Narben ihrer Haut.
Sie schämt sich für die Falten
und die Röllchen an ihrem Bauch.

Sie schämt sich für ihren Busen,
weil der dauernd komisch hängt,
und nach Nippeln muss man suchen,
denn die sind nach innen gesenkt.
Und sie schämt sie für die Flecken an den Achseln
und den Schweiß auf ihrer Stirn
und sie schluckt hormonelle Kapseln,
weil das Schwitzen so sehr stört.
Und an manchen Tagen dann,
da ist sie nur genervt.
Weil sie dauernd nur verbirgt, unterdrückt und übermalt.
Weil sie im Monat für Rasierer, Tampons, Pille
über 20 Euro zahlt
und dann fragt sie sich, wofür überhaupt?
Warum werde nur ich der Natürlichkeit beraubt
und wieso wird aus meinem Körper
solch ein Idealbild aufgebaut?
Aber wenn sie spricht,
dann kommt der Blick.
Die Worte und der Satz,
dass sie als Frau nicht langt.
Weil sie nicht hübsch und reinlich tanzt,
sondern wankend zwischen Tagen schwankt.
Denn eine Frau,
die schwitzt doch nicht,
die ist immer rein und glatt.
Eine Frau bemalt halt ihr Gesicht,
weil sie einfach Spaß am Schminken hat.

Und zack, da packt sie dann die Scham!

Und sie schämt sie sich für die Wut,
die sich an manchen Tagen regt.
Und sie schämt sich für den Mut,
der an den meisten Tagen fehlt.

Aber damit ist jetzt Schluss,
sie will nicht länger schweigen.
Und sie will sich nicht verstecken.
Sie will nicht länger leiden,
ab heute will sie sprechen.
Und so tritt sie Richtung Türe,
auf dass sie heut das Schweigen bricht,
nimmt all ihren Mut zusammen und spricht:
»Ich spiel nicht mehr.
Ich mach das nicht mehr mit.
Ich bin zu alt für deine Spielchen
und deshalb wag ich jetzt den Schritt.«

Und die Scham lacht hämisch,
lacht sie aus:
»Du kannst mich nicht besiegen.
Selbst wenn du dich traust.
Denn ich bin von dir geschaffen,
bin von Menschenhand gebaut.
Also wie willst du mich zerstören,
ohne dich selber zu vernichten?
Wo willst du dich beschweren,
ohne auf den Rest Haltung zu verzichten?

Also lass das lieber bleiben,
lass uns lieber spielen und weiter schweigen.«

Aber das Mädchen will nicht spielen,
ab heute ist's ihr Ernst,
sie will heut kritisieren
und das nicht nur im Scherz.

Denn sie weiß, die Scham
ist am Ende nur Substanz
einer viel größeren Instanz.

Die Scham, das ist die Werbung
in die Köpfe plakatiert.
Das ist im Fernsehen dann die Sendung,
durch Heidi Klum stets inszeniert.
Und die Scham, das ist der Porno,
der die Erwartungen verquert.
Das ist der Bio-Unterricht
in der neunten Klasse,
der sie keines Besseren belehrt.
Der ihr nur solide, stets stupide
die Befruchtung fein erklärt.
Und die Scham, das ist das Rosa
auf die Produkte tapeziert.
Eine Farbe, die ganz heimlich
nur das eine suggeriert;
Dass sich Weiblichkeit primär
nur durch das Süße definiert.
Weil ein Mädchen doch nur niedlich und stets
rücksichtsvoll agiert
und das Schamgefühl besteht.
Denn es mangelt hier in Massen
an ehrlichem Gespräch.
Und so steht das Mädchen auf,
zeigt der Scham nun ihre Faust
und spricht:

»Solange du
noch in jeder Körperritze sitzt,
ist Emanzipation ein Prozess,
der noch lange nicht abgeschlossen ist.
Und ich glaube daran,
dass man es schaffen kann.
Nicht allein, aber zusammen.

Glaube an die Hoffnung und den Kampf
gegen die Zweifel und die Angst,
an die Aussicht einer Chance,
dass du irgendwann,
als Mensch
endlich einmal langst.«

Leise

Im Café sitzt sie alleine,
schaut verträumt auf Bänke, Bäume,
zieht mit den Fingerspitzen Kreise.
Unsterblich, denkt sie,
sagt sie leise.

Gehege

Und wenn ich geh,
dann komm ich her,
komme an
und lasse gehen,
denn Kommen
heißt Bewegung,
geht
halt nicht so gut
im Stehen.
Und wenn aus Kommen
Gehen wird,
dann kommt mir die Idee,
mich entgegen
des Geheges
einfach nochmal
umzudrehen.

Verrechnung

Wir sind die Summe
unserer Ängste
mal den Zweifel,
der so drückt.
Addiere 5x Überwindung
plus den Versuch,
der stets missglückt.
2x über 130
runden ab
auf nicht genug.
Zählen Stunden
der Begegnung,
der Betrag ist nur Betrug.
Minus all die lauen Tage,
an denen keine Formel greift,
steht dann am Ende
unserer Rechnung
nur ein einziges:
Vielleicht.

Der Walzer

Die Nervosität
zwischen uns
scheint Walzer
zu tanzen.
Barfuß im Gleichschritt,
nicht wirklich
geschmeidig,
hin und her
und hin und her.
Sag mir,
warum, verdammt,
fällt uns das Tanzen
so schwer?

Drumrum

Wir sind vorsichtig
miteinander,
so langsam
tastend,
die Herzen
so wund,
wir stellen
keine Fragen,
kommen wir
um Worte
drum rum?

Dazwischen

Ich weiß nicht, was es ist,
und ich weiß nicht, was draus wird.
Es ist viel zu viel
Vielleicht
fürs echte Gefühl
und zu viel Impuls
fürs pure Kalkül.
Es ist zu gut,
um schlecht zu sein,
und zu gestellt,
um echt zu sein.
Irgendwas dazwischen.
Irgendwas Solides.
Denn es fühlt sich nicht perfekt an,
aber zumindest auch nicht falsch,
und vielleicht brauch ich einfach
den Beweis,
dass es was dazwischen gibt.

Wut

Ich nehm mir viel zu viel
zu Herzen
und halt zu wenig
von mir weg.
Ich form mich selbst
aus Fremdlichkeiten
und sag dauernd:
Bin nur nett.
Dabei will ich so viel mehr,
aber dazu fehlt mir
meist der Mut.
Und anstatt dass ich dann mal rede,
versink ich nur in Wut.

Mutausbruch

Köchelnde, knisternde Krisen,
runzelnd ratternde Routinen,
fakultativ feige Fragen,
befindlich befremdende Bandagen,
brodelnd brutzelnde Bedenken,
akkurat affektiertes Anecken
und die angeblich angeborene Angst
vor der Konfrontation.

Denn mit brummenden, bummernden Bässen im Kopf
und pulsierenden, pointierten Pulsen im Herz
finde ich den Mut nicht, zu sprechen,
was mich aufregt,
was mich bewegt, was mich dreht,
was mich schwindelig macht.
Und die Buchstabensuppe hier drin,
die köchelt und kichert,
nein, sie lacht.
Sie lacht immer lauter.
Sie spricht immer lauter.
Sie schreit immer lauter:

Jetzt form doch endlich Sätze!
Jetzt sag doch, was du fühlst!
Was dich da bewegt,
was dich gerade aufwühlt.
Wovor hast du Angst,
als am Ende vor dir selbst,
ist es nicht das Nein,
was dir am wenigsten gefällt?

Nein, also Gefühle,
Gefühle habe ich da jetzt nicht so richtig drin gesehen.
Klar, wir haben uns schon ganz gut verstanden.
Vielleicht haben wir auch zwei, drei Mal
miteinander geschlafen,
aber ich meine, was heißt das schon?
Zum Klamottenausziehen brauche ich
zwei Hände und Bock.
Sonst gar nichts. Vielleicht noch ein bisschen Alkohol.
Wenn ich Mathis heiße, 19 bin und meine motorischen
Finessen nicht mal den BH-Verschluss bewältigen können.
Aber Gefühle?
Nein, also Gefühle habe ich grundsätzlich nicht.

Denn mit brummenden, bummernden Bässen im Kopf
und pulsierenden, pointierten Pulsen im Herz,
finde ich den Mut nicht, zu sprechen, was mich aufregt,
was mich bewegt,
was mich dreht,
was mich schwindlig macht.

Zehn kleine Rentner
vom Stamm der Weltbesitzer,
die sangen mal ein Lied
und das ging so:

Wir sind alt und haben Zeit,
wollen, dass unsere Welt so bleibt.
Wir sind, wir sind wütend!
Deutschland hat 'nen guten Stand,
reicht dem Ausland nicht die Hand.
Wir sind, wir sind wütend.
Wir wollen Pflegepersonal,
der Klimawandel ist egal.
Wir sind, wir sind wütend!

Ja, sowas regt mich auf.
Aber ich bleibe still.
Lasse passieren und vorbeiziehen,
ich könnte ja was Falsches sagen.
Konfrontationen wagen,
mich mit mir allein zu lassen.
Und in mir, da brodelt das Bedürfnis,
aus der bedrückenden Bedrängnis auszubrechen,
anzuecken,
Blut zu lecken,
Grenzen zu checken.

Denn wer mutig ist,
der spricht.

Der klärt eine Sicht,
indem er Gefühlswirrwarr lingualisiert,
Fäden entknotet, sie verbal versiert illustriert,
nicht länger ein Interpretationsschloss konstruiert,
sondern sich vielleicht auf einen fünf Quadratmeter großen,
interpretatorischen Spielraum konzentriert,
indem er eine Empfindung, eine Meinung
auf dem sprachlich pointierten Silbertablett serviert.

Und die Buchstabensuppe hier drin,
die köchelt und kichert,
nein, sie lacht.
Sie lacht immer lauter.
Sie spricht immer lauter.
Sie schreit immer lauter:

Jetzt form doch endlich Sätze!
Jetzt sag doch was du fühlst!
Was dich da bewegt,
was dich gerade aufwühlt.

Ich möchte hier weg.
Ich fühl mich gerade unwohl.
Nein danke, ich möchte keinen Alkohol.
Und das ist mir zu viel,
das stresst mich gerade zu sehr.
Nein, Oma, ich möchte keinen Nachschlag mehr.
Und kannst du bitte deine Kopfhörer
aus den Ohren nehmen, wenn wir miteinander reden,
weil sonst zwischen uns
nur die Kommunikationsfetzen schweben
und mich das einfach dezent abfuckt,
wenn bei jedem zweiten Satz
das gesamte Gesprächskonstrukt in sich zusammensackt,
wenn du wieder die Augen zusammenkneifst,
dir auf die Lippe beißt und sagst:
Was? Was hast du gesagt?

Ich habe mich verliebt.
Ja, in dich.
Einfach so.

Und das wollte ich dir sagen,
bevor du bei der nächsten Kreuzung wieder
in die andere Richtung abbiegst
und mit dir schon wieder eine
verpasste Chance von Dannen zieht.
Einfach weggerannt
Richtung Nimmerland,
geographische Lage oder Koordinaten unbekannt.

Wo Gefühle sich um Worte winden,
aber Worte keinen Raum mehr finden,
wo Gedanken sich an Sätze binden,
aber Sätze keinen Ausspruch finden,
da – bleibt was leer.
Da – wird nichts sein.
Außer ein Fragezeichen
mit dem Anschein, ein Punkt zu sein.
Und ein pöbelndes Gewissen;
Verdammt, warum hab ich's nicht gesagt?
Verdammt, warum hab ich's nicht gewagt?

Denn mit brummenden, bummernden Bässen im Kopf
und pulsierenden, pointierten Pulsen im Herz,
finde ich den Mut nicht, zu sprechen,
was mich aufregt,
was mich bewegt,
was mich dreht,
was mich schwindelig macht.
Weil die Angst dem Mut immer wieder eine reinhaut,
wenn der sich mal was traut und sagt:
Nein! Lass es! Sprich nicht weiter!

Aber wovor haben wir Angst
als am Ende vor uns selbst?
Ist es nicht das Alleinsein,
was uns am wenigsten gefällt?
Wenn Sätze und Worte auf Widerstände treffen,
abprallen und uns mit ausgestrecktem Zeigefinger
zurückweisen,
sind es doch wir,
die bleiben.

Ist es doch unser Geist, unser Körper,
der sich selbst genug sein muss,
und hab ich mich selbst,
was hab ich zu verlieren?

Drum werdet laut!
Sprecht aus
die köchelnden, knisternden Krisen,
die runzelnd ratternden Routinen,
die fakultativ feigen Fragen,
die befindlich befremdenden Bandagen,
die brodelnd brutzelnden Bedenken!

Formt sie zu Buchstaben,
Buchstaben zu Wörtern
und Wörter zu Sätzen.
Schenkt ihnen Ausspruch!
Schenkt ihnen einen
Mutausbruch!

Diskrepanz

Wir sagen Sätze,
die wir nicht denken
Erzählen von Welten,
die wir nicht kennen
Setzen uns Grenzen,
die wir dann brechen
Zeugen von Taten,
die uns nicht lenken
Und ich könnte weinen,
während wir sprechen.

Warmhalten

Du hältst mich
dir warm,
wie Kamillentee
in Kannen.
Schenk heiße Milch nach,
die Finger verbrannt.
Hast du die Uhr im Blick?
Die Süße lässt nach,
kann den Honig nicht finden!
Nur noch bis Winter;
abwarten und Tee trinken.

Ein lauer Morgen

Ein lauer Morgen
hängt am Himmel,
an feinen Fäden
aufgehängt.

Ein bisschen Sonne
scheint zu wachsen,
jede Zelle
aufgeweckt.

Wechselwind
küsst die Gardine,
mit frischen Düften
eingedeckt.

Der kleine Morgen
haucht an Scheiben,
warm und wach,
beginnt, zu schreiben:

Wachsen wollen,
Wandel werden,
die Bewegung
durch den Stillstand
lernen.

Und Röte schwappt
auf warme Wangen,
ein kleines Kribbeln
wühlt im Bauch.

Neue Pulse
leise langend:
Heute steh ich früher auf.

Postkarten

Du bist
so weit weg,
ich schreibe
dir Postkarten,
leider unterfrankiert.
Das Wort
wog zu schwer.
Hast du noch Kleingeld?
LG und grüß
die Pragmatik
von mir!

Aufgebraucht

Ich glaube,
ich habe den Moment verbraucht.
Habe ihn zu oft benutzt,
zu oft durchlebt,
zu oft bestaunt.

Ich habe ihn konsumiert.
Täglich.
Habe ihn gespürt.
Überall.
In dem Glauben,
dass der Moment stets unendlich ist.

Aber jetzt ist er alle.
Gänzlich verbraucht.
Die Intensität längst verschwunden,
das Gefühl abgebaut.

Was bleibt,
ist diese graue, fade Linie
aus Erinnerungen.
Aus groben Fakten, Daten, Zahlen.
Ein Datum, ein Tag,
ein Du, ein Ich.

Mehr nicht.
Eine Trivialität.
Etwas Profanes.
Ein banaler Bericht.
Über zwei Menschen, die sich trafen.
Ich erkenn uns heute nicht.

Larven

Für einen Moment
waren wir Virtuosen
unseres Selbst,
jetzt sind wir wieder
die viel zu kleinen Larven
einer viel zu großen Welt.

Nebel

Ich will uns
heute nicht benennen,
will heute nicht
nach Nebel greifen,
sondern viel lieber
zart verschwimmen,
mich verlieren
in unseren tausend
nicht gesagten Worten.

Punkt

Meine Augen
fragen nach Tagen
und deine Hände
nach jetzt,
und irgendwo dazwischen
hat heimlich,
still und leise
die Antwort
längst
ihren Punkt gesetzt.

Zehn Sekunden

Du warst nur ein Blick zu Seite,
nur eine Begrüßung mit der Hand.
Der Dialog zwischen uns beiden
war stets geprägt von viel Distanz;
Ein *Guten Morgen* zwischen Türen.
Ein *Gut und selbst?* als Reaktion.
Die Hände in den Taschen,
ein Ausdruck purer Diskretion.

Man fragte nie genauer
und sprach auch nie viel mehr.
Die Müdigkeit des Alltags
machte die Münder einfach schwer.
Jeder war vertieft.
In seiner eigenen Welt.

Zwei Realitäten, zwei Menschen,
eine Wahrheit, die sich zur nächsten gesellt,
und mit den Gedanken noch im Gestern
und mit den Körpern schon im Gleich,
muss man sich doch fragen,
was da für den Moment noch bleibt.
Und so trafen sich am Morgen
stets nur zwei Köpfe voller Sorgen.

Und es waren jeden Tag
schlicht nur zehn Sekunden,
in denen wir einander trafen.
Zwei Körper, ein Flur,
ein Raum ohne Fragen.
Es waren zehn Sekunden pure Stille.
Zehn Sekunden einfach Sein.
Zehn Sekunde freier Wille,
dem Schweigen Ausdruck zu verleihen.
Zehn Sekunde Innehalten.
Zehn Sekunden Gänsehaut.
Zehn Sekunden Blicketauschen
und schweigend sagen:
Ja. Ich auch.

Und ja, zehn Sekunden sind nicht lang,
aber glaub mir, wenn ich sage,
diese zehn Sekunden
blieben Nächte, blieben Tage,
waren wie nach Hause kommen.
Ich war zehn Sekunden einmal gänzlich angenommen,
angekommen.
Zwischen all diesen Türen
und all diese Wegen.

Denn zehn Sekunden reichen,
um ein ganzes Leben zu bewegen.
Ich habe mich gesucht über Jahre.
Habe probiert und rangiert über Tage.
Habe mich verflucht und gejagt über Stunden.
Habe mich verändert, verärgert, geschunden.
Und dann kommt ein Blick.
Und ich habe mich gefunden.
Nicht im Spiegel, sondern in verdammten zehn
Sekunden.

Und ich weiß, das klingt verrückt.
Völlig absurd.
Aber gib mir doch bitte ein Zeichen,
nur ein einziges Wort,
dass es dir vielleicht auch so geht.
Dass sich der Zeiger deiner Uhr auf einmal
auch nur noch um diese zehn Sekunden dreht,
dass auch durch deine Räume, deine Fenster, deine Träume
plötzlich dieser frische Wind des Enthusiasmus weht
und sich auch bei dir, nach dem Aufstehen,
die Morgenröte auf die noch warmen Wangen legt.
Gib mir doch bitte einfach mehr
als zehn Sekunden Flurgespräch.
Und wenn das nicht geht,
dann gib mir einfach nochmal zehn Sekunden.

Zehn Sekunden zwischen Türen.
Zehn Sekunden du und ich.
Zehn Sekunden nochmal spüren,
wie man mit Blicken Worte spricht.
Zehn Sekunden Überschneidung.
Zehn Sekunden Komplement.
Zehn Sekunden eines Tages,
der sonst akkurat zwei Welten trennt.
Zehn Sekunden hier und jetzt.
Zehn Sekunden, der Moment.
Zehn Sekunden kurz vergessen,
wie man Einsamkeit benennt.

Und ja, zehn Sekunden langen,
um sich völlig zu verfangen.
Zwischen Zufall und Zusammenhang.
Zwischen Wahrheit und Lüge.
Zwischen Höhe und Tiefe.
Zwischen Wollen und Brauchen.

Zwischen Schnorcheln und Tauchen.
Zwischen viel zu viel und viel zu wenig.
Zwischen einsam sein und glücklich ledig.
Zwischen bewusst inszeniert und einfach passiert.
Zwischen Schüchternheit und Ignoranz.
Zwischen purer Nähe und purer Distanz.

Und dann lieg ich in manchen Nächten da
und ich kann nur noch an dich denken.
Vermiss dich so unendlich stark,
dass sich Gliedmaßen verrenken.
Dabei weiß ich nicht mal, wer du bist,
was du fühlst, was du denkst, was du willst.
Ich kenne nur diesen einen Blick.
Also – schau endlich weg!

Und lass mich ziehen.
Denn ich kann mich nicht bewegen,
ich kann nichts mehr sehen,
außer dich.
Außer deinen einen Blick.

Bei jedem Date, auf das ich geh,
blick ich abwesend zur Seite.
Bei jeder Hand, die meinen Körper streift,
wünschte ich, es wäre deine.
Bei jedem Mann, der länger bleibt,
such ich schnell das Weite.
Ja, du bist der ständige Vergleich,
das ständige Vielleicht:

Vielleicht wäre es besser,
wilder, weiter,
schöner, schlichter,
wahrlich weicher.
Schlauer, stiller,
letztlich leichter.
Lieblich liebend,
gänzlich reicher.

Vielleicht bist du genau der.
Vielleicht aber auch nicht.
Vielleicht traust du dich einfach nicht.
Vielleicht bist du schüchtern,
taub, stumm, blind,
vielleicht bist du auch verheiratet,
wer weiß das schon?

Vielleicht fühlst aber auch schlicht nichts,
wenn du mir morgens in meine müden Augen blickst.
Vielleicht sind zehn Sekunden grad so viel,
dass das nur für einen Menschen reicht.
Vielleicht beruht das alles hier
auf gnadenloser Einseitigkeit.
Vielleicht ist das alles schlicht nur Idee,
ein ganzes Gefühl belebt durch Fantasie.
Aber vielleicht eben auch nicht.
Und solange keiner hier das Schweigen bricht,
halt ich an zehn Sekunden Hoffnung fest.

Zehn Sekunden nochmal tasten.
Zehn Sekunden nochmal fühlen.
Zehn Sekunden nochmal hoffen,
vielleicht ist es nur ein Spiel.

Zehn Sekunden nochmal warten.
Zehn Sekunden leise atmen.
Zehn Sekunden nochmal warten.
Zehn Sekunden leise atmen.
Zehn Sekunden nochmal warten.
Zehn Sekunden. Zehn Sekunden. Zehn Sekunden.
Zehn Sekunden ...

Und verdammt.
Ich kann nicht mehr.
Denn ich hätte so unfassbar gerne mehr
als diese zehn Sekunden nur im Flur.
Hätt so gerne mehr
als nur die Blicke auf die Uhr.
Hätt so gerne mehr
als das Schweigen stets am Morgen,
hätt so gern gehört
von deinen Ängsten und deinen Sorgen.
Und ich hätte so gern gesprochen.
Über das, was dich bewegt.
Über das, was du so bist,
und über das, was du erlebst.
Und ich hätte so gern erzählt,
was meinen Kopf so quält.
Wie es sich auf meinen Wegen geht
und was zwischen meinen Zeilen steht.
Aber – hat sich nicht ergeben.

Der Moment hat einfach nie gepasst.
Ich hätte dich ja gern mal reingebeten,
aber meine Mitbewohnerin heißt Angst.
Angst, dass das alles nicht langt.
Und lieber habe ich für immer ein Vielleicht,
als dass das Nein der Klarheit weicht.

Dann wäre das, was mein Verstand schon seit langem weiß,
auf einmal greifbare Wirklichkeit.
Denn am Ende
war da nur ein Blick zu Seite.
Nur eine Begrüßung mit der Hand.
Der Dialog zwischen uns beiden
war stets geprägt von viel Distanz
und ich glaub, wir wissen beide,
dass das, was uns verbindet,
auf Dauer schlicht nicht langt.

Und dennoch.
Vielleicht hätten wir einander hereinbitten sollen.
Nur auf einen Kaffee.
Nur auf ein Gespräch.
Nur um einmal zu klären,
ob da was zwischen uns steht.

Aber nun ist schon Winter.
Dein Geruch wie die Blätter verweht.
Wir haben uns verpasst.
Auf der kurzen Überschneidung des Wegs.
Und so wünsch ich dir,
wer auch immer du bist,
alles Glück dieser Welt.
Auf dass du vielleicht irgendwann
mal von diesen zehn Sekunden erzählst.
Denn das ist das,
was bleibt.
Von dir und mir.
Und mit diesem Wissen
schließe ich nun endlich
meine Tür.

Anspruch

Und im Kopf,
da drückt der Zweifel,
drückt die Angst
vorm Kompromiss.
Vor den Augen
die Erwartung
mit dem Anspruch,
dass es ist.

Da steht was zwischen uns

Du schaust mich an.
Zwischen uns
zwei Gläser und Tee.
Und Musik aus der Box.

Die Klänge
machen benommen.
Umhüllen,
nehmen ein.
Bis Raum und Zeit
völlig verschwimmen.

Dann fühlt sich das Jetzt wie
ein Seit-Immer an,
und deine Küche wie Zuhause.
Mit der Fingerspitze
wischst du den Tropfen
Rotwein vom Tisch.
Und du schmunzelst.

Vielleicht, weil diese Geste so filmreif ist.
Vielleicht, weil wir nicht genau wissen, was wir hier tun.
Vielleicht aber auch, weil sich Schweigen
seit langem mal wieder gut anfühlt.

Weil zwischen uns
eben nur zwei Gläser stehen.
Und Tee.
Sonst nichts.

Abstrakt

Wie Wasser
ist dein Atem,
mein Körper
sattes Aquarell,
zerfließe
in deinen Armen.
Nuancieren punktuell.

Morgen früh
sind wir verblasst.
Recht unscharf,
ganz verschwommen.
Ja, wir malen nur im Dunklen.
Wir malen uns abstrakt.

Zwischen den Zügen

Da ist zu viel
Bewegung
in unseren Augen.
Die Blicke wie Züge.
Schau doch.
Siehst du es nicht?
Das hier ist alles,
außer der richtige Augenblick,
um sich im Bleiben zu üben.
Da ist zu viel Bewegung.
Zwischen den Augen.
Zwischen den Zügen.

Gedankenreim

Die Tat bestimmt die Welt,
die Idee bestimmt das Ich.
Das Ich ist die Erfahrung,
die Welt dann das Gesicht.

In Wahrheit

In Wahrheit
will der Mensch die Welt begreifen
und nimmt dafür das Wort zur Hand,
denn er will die Welt beschreiben,
mit Logik und Verstand.
Und so beginnt er, zu bezeichnen,
dann wird alles hier benannt.
Jeder Zustand findet Ausdruck,
wird durch Sprache eingefangen.

Denn in Wahrheit …
gehst du gar nicht gern auf Slams.
Du chillst lieber mit der Gang.
Ja, du trägst Löchern in deinen Hosen,
wenn andere Leute schlafen,
gehst du noch ne Runde cruisen,
fragt man dich nach deinem Namen,
sagst du: Frag halt eine von meinen Tusen!
Ja, du läufst durch die Straßen,
du liebst keinen außer dich.
Rote Ampel überfahren,
Vorbildfunktion?! – Diggi, laber mal nicht!
Bücher und Bildung?
Das hat bei dir keinen Stand.

Du trägst Bilder auf der Haut,
aber niemals an der Wand.
Und Faust bleibt für dich ein Leben lang
nur eine Drohung
mit der Hand.

Ja, in Wahrheit ...
bist du dann der Assi.
So wirst du bezeichnet, so wirst du benannt.
Das ist der Begriff für deine Wahrheit,
für dein Denken, für deinen Stand.

Und das macht's ja auch sehr einfach.
Der Mann wird sprachlich komprimiert,
ist durch Worte rasch gezeichnet
und mit Wertung konnektiert.

Denn in Wahrheit ...
findest du ihn eigentlich ganz heiß.
Aber irgendwie auch arrogant und sicherlich sehr dreist.
Und deine Freundinnen,
die schütteln auch schon den Kopf.

Denn deine Attitüde ist graziös und schwungvoll leicht.
Elegant und eloquent,
weil du selbst auf WhatsApp
mit Satzzeichen schreibst,
du trägst Brille
und nen Helm beim Fahrradfahren.

Du isst eigentlich kein Fleisch und jeden dritten Tag vegan.
Du magst Kunst, Juristik und ... Trüffelschweine.
Du führst keinen Hund,
du führst die Intelligenz an der Leine.

Beim Thema Imperativ
denkst du kategorisch an Kant.
Du malst weder Teufel noch Engel,
du hängst Tapete an die Wand.
Beim Stichwort Alkohol
zitierst du C_2H_6 und ein O
und bei Büchern und Bildung
sagst du: nette Alliteration.

Ja, das Argument ist dein Schwert,
die Evidenz dessen Scheide,
und bei Diskussionen mit dir
sucht selbst Scheuble das Weite.

Denn in Wahrheit ...
bist du dann die Spießerin.
So wirst du bezeichnet,
so wirst du benannt,
das ist der Begriff für deine Wahrheit,
für dein Denken, für deinen Stand.

Und das macht's ja auch sehr einfach.
Die Frau wird sprachlich komprimiert,
ist durch Worte rasch gezeichnet,
ist mit Wertung konnektiert.

Denn in Wahrheit ...
seid ihr später nur zwei Menschen.
Schlendert schweigend durch die Stadt.
Hand in Hand einander haltend,
so dunkel ist die Nacht.

Ihr lauscht schlicht nur der Stille,
atmet aus und atmet ein,
das Wort verweht im Winde,
das Gefühl verschwimmt im Schein
der leuchtenden Laternen
und der Lichter links und rechts.
Der Blick der beiden Menschen
ist durch Regen längst verwischt.

Der Moment
ist nur Berührung,
zaghaft sanft und innig tief.
Es wirkt wie ein Verlieren,
ein Geist, der in den anderen fließt,
und dann ein Kuss.
Ein Hauch von Nichts.
Haut trifft Haut,
das Licht
erlischt.

Und nur durch die paar Zeilen,
nur durch pure Deskription,
formt sich bei euch längst der Gedanke,
sitzt das Wort schon auf dem Thron.

Für dich, für dich ist es Liebe,
du nennst es Betrug.
Sie denkt an Familie,
dafür fehlt es ihm noch an Mut.
Und für dich ist das alles nichts als Schmerz und Frust
und du, ja du sagst dazu: Das ist gelebte sexuelle Lust,
und wenn man das dann alles zusammen bei Google eintippt,
sagt Google einfach:
Freundschaft plus.

So wird's dann bezeichnet,
so wird's dann benannt.
Das ist der Begriff für diese Wahrheit,
für die Haltung, für den Stand.

Und das macht's ja auch sehr einfach.
Das Gefühl wird sprachlich komprimiert,
ist durch Worte rasch gezeichnet,
ist mit Wertung konnektiert.

Denn in Wahrheit ...
ist das hier nur ein Raum
mit Menschen, die zuhören, bewundern und staunen,
und ein paar, die die ganze Zeit nur abwesend aufs
Handy schauen und sich denken:
Wann ist dieser Scheiß endlich vorbei? Wann kann ich
endlich nach Hause gehen?
Und das hier, das ist Bühne.
Ihr seid nur die vierte Wand.
Ein Mikrofon vor Stühlen,
Poeten mit Bedeutungsdrang,
Gedanken und Geschichten
im Wortrausch gefangen.

Fünf Minuten nichts als Liebe,
fünf Minuten Penetranz,
fünf Minuten lyrisch fließen,
fünf Minuten gänzlich wach.

Und dann
Applaus Applaus,
für deine Worte,
ist ja toll, was du da machst.
Beeindruckende Kunstform,
kriegst ne ... 7,8.

Ja, dieser Text
ist Talent und Leidenschaft.
Irgendwas zwischen Gedicht
und keine Ahnung, ob das jeder kann.
Für Rap war es zu lieb,
für Comedy zu ernst,
und spätestens nach dem vierten Text
fragt sich der Erste hier:
Vielleicht ist das auch alles nur ein großer Scherz?

Und so sucht man ständig nach den Worten
für das, was hier und jetzt passiert.
Man will die Wahrheit darstellen,
verständlich komprimiert.
Man möchte Ratschläge erteilen,
dass es bestmöglich funktioniert.

Aber in Wahrheit ...
weiß keiner hier Bescheid.
Keiner kennt das Ding an sich.
Jeder beschreibt hier schlicht und einfach
stets das eigene Gesicht.

Also vergesst eines nicht:
Dass Sprache
niemals Wahrheit trifft.
Denn die ist mehr als nur ein Wort.
Die ist mehr
als nur Begriff.

Der Tee

Der Tee
ist nun alle.
Aufgetrunken.
Wasch noch
die Tassen,
befrei sie
von Lust.
Nicht anfassen.
Die Geduld
schlüpft
in Jacken,
Mach's Gut!
Nein, bitte
kein Kuss.
Das nennt
man Verdruss.

Ironie

Von deiner
Zunge
trieft die Ironie,
du schmeckst
nach
Unentschlossenheit.
Die Mundwinkel
zuckend
wie Achseln:
Ja, vielleicht
auf ein
ganz bald.

Werbung im Kino

Wir sind
wie Werbung
im Kino,
verschlingen Vorfreude
aus Popcorntüten.
Gleich geht's los.
Reiß dich zusammen!
Langnese Eiscreme
gibt's zu Not
auch bei Rewe.
Die Vernunft
längst auf Flugmodus,
Absprachen
gedimmt.
Nun sag doch!
Wie lang noch?
Ich weiß nicht …
Popcorn ist alle.
Der Film fing nie an.

Dünnes Eis

Das, was wir tun,
bewegt sich auf
ganz dünnem Eis.
Schleichen auf
Zehenspitzen
hautnah
und kaum atmend
aneinander vorbei.
Wessen Gewissen
wiegt schwerer?
Deins oder meins?
Bitte, bitte,
brich noch nicht ein.

Vakuum

Die Luft hier ist stickig,
die Scheibe beschlagen,
alles scheint hier verzögert,
keiner stellt hier mehr Fragen.

Komm, schließ deine Augen,
ich halt sie dir zu!
Damit wir nichts sehen,
dann können wir morgen
auf unschuldig tun.

Komm, wir brechen die Regeln
und töten den Verstand!
Wir verbiegen das Gerüst,
wir spielen Dilettant.

Die Vernunft längst in Ohnmacht,
den Schlussstrich verpasst.
Komm, lass uns jetzt greifen!
Nein, ich hab keine Angst.

Laue Luft

Laue Luft
an den Lippen,
zwischen Merkur
und Venus,
die Augen
erblindet,
siehst du
die Surrealität?
Wie sie bettet,
wie sie erdet,
wie sie vergibt
und was wir werden?
Eins, zwei, drei:
Wir sind vom selben Stern.
Was?
Nicht du.
Nur ich und ich.

Mauerfall

Heute sind
Mauern gefallen.
Habe ich mich
selbst erschrocken.
So viel Vermissen gefunden.
Zwischen den Steinen,
zwischen den Seiten,
zwischen den Zeilen.
Greif nach
dem Schweigen.
Sag, kann ich verzeihen?

Überall und nirgends

Wir sind überall ein bisschen,
aber nirgends wirklich ganz.
Wir wissen nicht, wie lang wir bleiben,
und kommen niemals wirklich an.

Drei Wochen an einem Ort?
Das ist nichts fürs uns!
Ich mein, die Welt ist groß und laut und bunt
wir sind so fucking free und jung
und so reisen wir.
Hauptsache lang und weit weg,
hetzte durch New York, Paris, Venedig,
Hauptsache, jedes Foto kriegt 'nen Hashtag:
#throwback, #travelswag,
#worldloverslandscape,
#chillenaufmsundeck,
#nofilterneededsoperfect.

Ja, wir ziehen durch die Straßen von Rom,
Flucht ist die Krankheit,
das Reisen Symptom.

Heute Mont-Blanc,
morgen barfuß auf der Champ-Elysont
-sée
-hä
Naja, egal, Hauptsache Welt,
ich bin so frei,
nichts hält mich fest,
ich bin so hyped,
hab meinen Rückflug vercheckt.

Und dann sagst du:
Jedes Land ist ein Goldstück,
die Erde ein Schatz.
Ja, du kennst jede Sprache,
jeden Ort und jede Stadt,
aber beim Kölner Dom
denkst du leider immer noch
an Rummelplatz.

Denn wir sind überall ein bisschen,
aber nirgends wirklich ganz.
Wir wollen uns nicht entscheiden
und haben vor klaren Taten Angst.

Kein Wort hat mehr Bestand
und auf keinen Satz ist mehr Verlass,
das Schweigen zwischen Zeilen
ist nicht mehr
als die Gebärde der Distanz.
Ja, ich sag dauernd nur vielleicht,
komm ich heut nicht,
komm ich bald.
Konfrontierst du mich mit meinen Worten,
sag ich:
haha neee, so hab ich das nicht gemeint.

Wie hast du es denn dann gemeint?
Ja, das weiß ich jetzt auch nicht so genau.

Lad ich dich heute ein,
kann die Zusage morgen schon Absage sein,
denn wer sich entscheidet,
der legt sich halt fest.
Und wer sich festlegt,
der verpasst vielleicht was Besseres.
#hauptsacheich.
Jeder guckt nur auf sich,
jede Tat ist hier schlicht
mit Egoismus gespickt.
Nichts ist gewiss,
kein Signal scheint hier klar,
hier wird der Einfachheit halber
an Worten gespart.
Denn selbst die Ausrede ist schon zu viel.
Omas 80ster? Schon viel zu konkret.
Denn wer sich gar nicht mehr meldet,
der kommt im Zweifel
einfach nur zu spät:

»Ja, Thorsten,
deine Antwort steht jetzt seit 18 Wochen aus.
Ich wollte nur Bescheid geben,
du brauchst nicht mehr zu kommen,
die Party ist vorbei.«

Denn wir sind wir überall ein bisschen,
aber nirgends wirklich ganz.
Wir preisen nur die »Freiheit«,
und geben Nähe keine Chance.

Denn jede Option hält man sich offen,
ich hab vielleicht dich im Café,
aber die Entscheidung über uns
noch nicht getroffen.

Jeder Zweite hat hier Bindungsangst,
schon vor dem ersten Kuss
wird mehr Freiraum verlangt.
Schau mich an,
aber lern mich nicht kennen.
Lauf mir ruhig nach,
aber bloß nicht verrennen.
Lass über Regeln klar reden,
aber die Blicke dazwischen
lieber nicht benennen.

Ja, wir liken und wir swipen.
Wir hypen und wir scheißen
auf alles, was verbindlich ist.
Kinder? Nein, danke.
Tinder? Ja, bitte!
Fragst du: Lieber oben oder unten?
Sag ich entschlossen: In der Mitte!
Dialoge bleiben oben,
Charaktere angezogen.
Fünf Worte,
drei Nächte,
ein Nachmittag.
Dann ziehst du weiter.

Ja, das
ist Intimität auf Zeitvertrag.

Denn wir sind überall ein bisschen,
aber nirgends wirklich ganz.
Wir verstehen jede Meinung,
aber halten die eigene
auf ständiger Distanz.

So sind wir heute auf der Demo fürs Klima
und morgen im Flieger nach China.
#wirallesindsieger*innen,
gemeinsam die Klischees bezwingen,
aber Hauptsache, ich bin feministischer,
engagierter, politischer und vegetarischer
als du.
»Dir ist schon klar, dass in Gummibärchen Gelatine
drin ist? Und neulich meintest du, du seist jetzt vegan.
Aha. Aber ich meine, Weißwein ist ja auch nicht immer
zwingend vegan und gestern hast du sogar zwei Stück
Kuchen gegessen und du weißt hoffentlich schon, dass
laktosefreie Milch nicht das Gleiche ist wie Hafermilch?
Ich wollt's ja nur gesagt haben und mal ganz allgemein
gefragt: Wie sieht's eigentlich mit deinem B12-Haushalt
aus?«

Ja, wir stehen für Offenheit und Toleranz,
aber jedes Bild ist bereits in unsere Köpfen gestanzt.
Wir preisen die Sprache
und fordern ehrliche Kommunikation,
aber nur über Sprachmemo,
bitte nicht am Telefon!
Wir studieren Jura, Lehramt und Medizin,
aber sind zu inkompetent,
anderen Menschen beim Sprechen
in die Augen zu sehen.

Geboren im nullten Jahrzehnt,
hängen wir zwischen zwei Fronten,
zwei Generationen,
und können natürlich
beide Seiten verstehen.

Wir sind Generation Z.
Überall ein bisschen, aber irgendwie auch nicht.
Wir sagen:
Wir sind der Umbruch, das Morgen der Weitsicht!
Wir sind der Wechsel, die Freiheit, die da ist!
Aber dabei verstehen wir nicht,
dass Freiheit
nicht heißt,
gehen zu können, wohin man will,
sondern in erster Linie
bleiben zu dürfen,
dort, wo man ist.

Aber wem sag ich das schon?
Auch dieser Text verspricht rein nichts.
Sind's am Ende doch nur Worte,
die ich unverbindlich
einfach so in Räume sprech,
und ich glaub, wir alle
haben inzwischen längst gecheckt:

Wir sind verstrickt im Widerspruch,
sind wir doch nicht frei,
sondern am Ende
nur ständig auf der Flucht.

Kaffeesatz

Heute
hat sich was
gesetzt
wie der Kaffee
auf dem Tisch.
Klarheit
kommt
und Klarheit
bleibt
nur ein
Wort in
einem Gedicht,
aber Essenzen
bleiben haften,
bleiben
völlig unterschätzt

am Filterrand
des Wahnsinns

schlicht als
Kaffeesatz zurück.

Im Präsens getippt

Ihr seid Boden
und Füße
und Arme
zum Tragen.

Ihr seid Denken
und Fühlen
und Impulse
des Wagens.

Ihr seid Lieder
und Lachen
und Tulpen
in Vasen.

Ihr seid Sprache
und Schweigen,
geduldig
im Fragen.

Ihr seid Heute
und Gestern
und Morgen
bestimmt.

Ihr seid Jahre
seit immer
im Präsens getippt.

Sehen und Sein

Schau dir die Welt an
und du weißt, wie du tickst.
Denn die Welt ist nicht die Welt,
sondern nur das, was du drin siehst.

Neues Kapitel

In deinen Armen

Alles,
was wir haben,
ist, nichts
zu verlieren,
aber in deinen Armen
ist es warm
bitte, bitte,
bleibe noch hier
und ich verspreche;
nichts,
was wir sagen,
bring ich jemals
zu Papier.

Bei lektora erschienen

Meral Ziegler

Con Text

Con Text ist ein Museum zwischen Buchdeckeln. Meral Ziegler stellt Spoken-Word-Texte und Gedichte der letzten zehn Jahre aus und übernimmt die Führung gleich mit. Sie errichtet einen Ausstellungsraum aus Textfragmenten, Sprachinstallationen und lyrischer Bausubstanz.
Con Text ist also keine simple Werkschau: Meral Ziegler betrachtet, umschleicht, empfiehlt, kommentiert und parodiert ihre bisherige literarische Arbeit, verleiht Kontext und schlägt alternative Enden vor. Sie zeigt uns eine Ausstellung über das Schreiben, über Prozesse, über den manchmal nicht ganz unfallfreien, aber immer faszinierenden Umgang mit dem eigenen Schaffen.

»Ein literarisches Museum für zuhause – Meral Zieglers Texte sind eine popkulturelle Bestandsaufnahme unserer Gesellschaft. Selten musste ich nach einer Lektüre so durchatmen: rasant, metaphorisch und politisch. Mehr davon!«
(Ninia »LaGrande« Binias)

»Zieglers Museum des Schreibens, der Schreibanlässe und des Kon-textens: Wer will nicht drin wandeln? Wen könnt dies nicht verwandeln? Lesen!«
(Nora Gomringer)

ISBN 978-3-95461-170-6
13,90 Euro

www.lektora.de

Bei Lektora erschienen

Sophia Szymula & Julius Althoetmar

Tintenfrische IV

feel good ink.

Mit dem Untertitel »feel good ink«, einer Hommage an einen der erfolgreichsten Songs der Band Gorillaz, kommt sie angerauscht: die vierte Ausgabe der U20-Anthologie-Reihe »Tintenfrische«.
19 junge Bühnen-Poet*innen schreiben und reimen über die Dinge, die ihnen auf die Nerven gehen, die unsere Gesellschaft auseinanderbringen, die eine ganze Generation verunsichern, aus denen sie ihre Kraft schöpfen oder für die sie dankbar sind. Sie sind interessiert, kritisch und denken voraus, sie sind kreativ, begabt und bringen frischen Wind auf die vielen Bühnen des deutschsprachigen Raumes.
Sophia Szymula und Julius Althoetmar haben als Herausgeber*innen mit viel Liebe die schönsten Texte zusammengeworfen, einen Stundenplan kreiert und bitten euch nun vom Pausenhof in die Klassenräume – denn nächste Stunde ist Poetry Slam!

Mit Texten von:
Tabea Fahrnbacher, Paulina Behrendt, Lina Wedemeyer, Levin Simmet, Julius Althoetmar, Sophia Szymula, Kim Catrin, Jonin Herzig, Rumo Wehrli u. v. m.

ISBN 978-3-95461-155-3
13,90 Euro

www.lektora.de